FSC® C105338
MIX
Papier aus verantwortungsvollen Quellen
Paper from responsible sources

Safak Kirkkanat

Das Osmanische Reich und seine Minderheiten

Der ökonomische Wandel im 19. Jahrhundert

Bachelor + Master
Publishing

Kirkkanat, Safak: Das Osmanische Reich und seine Minderheiten. Der ökonomische Wandel im 19. Jahrhundert. , Hamburg, Diplomica Verlag GmbH 2013
Originaltitel der Abschlussarbeit: Der ökonomische Aufstieg der osmanischen Minderheiten im 19. Jh.: Warum fielen die muslimischen Händler hinter die Nicht-Muslimen zurück?

ISBN: 978-3-95549-036-2
Druck: Bachelor + Master Publishing, ein Imprint der Diplomica® Verlag GmbH, Hamburg, 2013
Zugl. Freie Universität Berlin, Berlin, Deutschland, Bachelorarbeit, Juli 2012

Bibliografische Information der Deutschen Nationalbibliothek:
Die Deutsche Nationalbibliothek verzeichnet diese Publikation in der Deutschen Nationalbibliografie; detaillierte bibliografische Daten sind im Internet über http://dnb.d-nb.de abrufbar.

Die digitale Ausgabe (eBook-Ausgabe) dieses Titels trägt die ISBN 978-3-95549-536-7 und kann über den Handel oder den Verlag bezogen werden.

Dieses Werk ist urheberrechtlich geschützt. Die dadurch begründeten Rechte, insbesondere die der Übersetzung, des Nachdrucks, des Vortrags, der Entnahme von Abbildungen und Tabellen, der Funksendung, der Mikroverfilmung oder der Vervielfältigung auf anderen Wegen und der Speicherung in Datenverarbeitungsanlagen, bleiben, auch bei nur auszugsweiser Verwertung, vorbehalten. Eine Vervielfältigung dieses Werkes oder von Teilen dieses Werkes ist auch im Einzelfall nur in den Grenzen der gesetzlichen Bestimmungen des Urheberrechtsgesetzes der Bundesrepublik Deutschland in der jeweils geltenden Fassung zulässig. Sie ist grundsätzlich vergütungspflichtig. Zuwiderhandlungen unterliegen den Strafbestimmungen des Urheberrechtes.

Die Wiedergabe von Gebrauchsnamen, Handelsnamen, Warenbezeichnungen usw. in diesem Werk berechtigt auch ohne besondere Kennzeichnung nicht zu der Annahme, dass solche Namen im Sinne der Warenzeichen- und Markenschutz-Gesetzgebung als frei zu betrachten wären und daher von jedermann benutzt werden dürften.

Die Informationen in diesem Werk wurden mit Sorgfalt erarbeitet. Dennoch können Fehler nicht vollständig ausgeschlossen werden, und die Diplomarbeiten Agentur, die Autoren oder Übersetzer übernehmen keine juristische Verantwortung oder irgendeine Haftung für evtl. verbliebene fehlerhafte Angaben und deren Folgen.

© Bachelor + Master Publishing, ein Imprint der Diplomica® Verlag GmbH
http://www.diplom.de, Hamburg 2013
Printed in Germany

INHALTSVERZEICHNIS

ABBILDUNGSVERZEICHNIS II
ZUSAMMENFASSUNG III

1. EINLEITUNG 1

2. DAS OSMANISCHE REICH UND IHRE MINDERHEITEN 4
    2.1 DIE WIRTSCHAFT DES REICHES 4
    2.2 DER STATUS DER NICHT-MUSLIME 7

3. DER ÖKONOMISCHE STILLSTAND 10
    3.1 DIE ISLAMISCHEN PARTNERSCHAFTEN 10
    3.2 DAS FEHLEN VON MODERNEN
         UNTERNEHMENSGESELLSCHAFTEN 14

4. DER AUFSTIEG DER MINDERHEITEN 20
    4.1 DER ISLAMISCHE RECHTSPLURALISMUS 23
    4.2 DIE VERWESTLICHUNG DER MINDERHEITEN 28

5. SCHLUSSBETRACHTUNG 32

LITERATURVERZEICHNIS 35

ABBILDUNGSVERZEICHNIS

Abb. 1: Handelsrouten im Osmanischen Reich 6

Abb. 2: Größenverteilung der Partnerschaften in Istanbul, 1602 – 1697 13

Abb. 3: Osmanische Aktiengesellschaften zwischen 1850 und 1920 19

Abb. 4: Anteile der Minderheiten im Import-Export Sektor von Trabzon (1884) 21

Abb. 5: Anteile der Minderheiten im Import-Export Sektor von Beirut (1848) 22

Abb. 6: Hauptanteile der Muslime und Minderheiten an osmanischen Händlern (1912) ... 23

ZUSAMMENFASSUNG

Das Osmanische Reich bestand von 1299 bis 1923 und war damit eines der langlebigsten Imperien der Geschichte. Es erstreckte sich, auf dem Höhepunkt seiner Macht, auf drei Kontinenten einschließlich des Balkans, des Maghrebs, Kleinasiens und des Nahen Ostens. Folglich war es in seiner ethnischen Zusammensetzung ein Vielvölkerstaat und hatte dabei enge wirtschaftliche und politische Beziehungen zu anderen europäischen Mächten. Um die wirtschaftlichen bzw. ökonomischen Beziehungen zu analysieren, ist es unumgänglich, die Tätigkeiten und Handelsbeziehungen der christlichen und jüdischen Minderheiten im Reich zu betrachten. So waren die osmanischen Minderheiten vor allem als Steuerpächter und im internationalen Handel erfolgreich, während die muslimischen Kaufleute den Binnenhandel dominierten. Somit bestand bis ins 18. Jh. ein gewisses Gleichgewicht zwischen den muslimischen und den nicht-muslimischen Handelsaktivitäten.

Erst im 19. Jh. hatten die Nicht-Muslime des Osmanischen Reiches einen enormen wirtschaftlichen Vorteil gegenüber der muslimischen Mehrheit erlangt. Diese Vorteile resultierten aus der Rechtswahl, die den Minderheiten aus dem islamischen Rechtspluralismus entstanden. Durch das Millet-System hatten die einzelnen Konfessionen ihre eigene Gerichtsbarkeit. Bis ins 18. Jh. übten die Minderheiten dennoch ihr Wahlrecht bezüglich ihrer wirtschaftlichen Angelegenheiten zugunsten des islamischen Rechtssystems aus. Die Folge war, dass sich die konfessionellen Gerichte der Nicht-Muslime an die islamische Rechtspraxis anglichen. Durch die organisatorische Stagnation der Region erwuchsen somit auch den Minderheiten erhebliche ökonomische Nachteile. So konnte keine der konfessionellen Gruppen fortschrittliche Organisationen entwickeln. Als jedoch die westeuropäischen Staaten im 19. Jh. durch ihre organisatorischen Institutionen endgültig den Nahen Osten dominierten, entstanden für die christlichen und jüdischen Minderheiten neue Möglichkeiten ihren Handel zu organisieren. Sie wurden zu Protegés der europäischen Mächte und stellten sich unter Ihren Schutz. Ihre Rechtswahl übten sie nun zugunsten der westlichen Rechtssysteme aus. Dadurch konnten sie ihre Handelsnetzwerke im Westen ausbauen und große bzw. komplexe Unternehmen nach westlichem Vorbild gründen.

1. EINLEITUNG

Das Osmanische Reich und ihre Wirtschafts- bzw. Handelstätigkeiten wurden oft in der älteren Forschung behandelt. Dabei wurde jedoch die Grundperspektive auf die Makroebene gerichtet und damit eher die Import- und Exportbeziehungen des Reiches mit den europäischen Mächten betrachtet. Wichtige Ergebnisse dieser Forschungsrichtung waren u.a. die Erkenntnis, dass die Sultane, entgegen der herrschenden Meinung, den Handel förderten und schützten. So konnte Halil Inalcik (1994) zeigen, dass insbesondere Großhändler von der Regierung bevorzugt und ihnen Steuerermäßigungen und andere Privilegien gewährt wurden. Darüber hinaus förderte der Staat den Handel, indem in den Städten große Markthallen (Besistan) errichtet wurden, wo sowohl osmanische als auch ausländische Händler und Handwerker ihre Waren verkaufen konnten. Bei all diesen Untersuchungen wurden jedoch die individuellen Beziehungen und Netzwerke der Händler nicht berücksichtigt. Erst die jüngere Forschung konnte einen Blick in die Mikroebene und somit in die einzelnen Handelstätigkeiten der Händler des Reiches werfen. Dies wurde u.a. durch die Veröffentlichung und Erforschung von mehreren Monographien und Gerichtsregistern ermöglicht. So konnte jüngst Timur Kuran, durch seine Recherchen in Kadi-Registern von Istanbul aus dem 17. Jh. wichtige Erkenntnisse über die konkrete Abwicklung und Durchsetzung von Handelsbeziehungen gewinnen.

Ein wichtiges Ergebnis der neueren Forschung ist die Tatsache, dass die muslimischen Händler bis ins 18. Jh. einen beachtlichen Anteil an dem gesamten Handel innehatten und nicht, wie die ältere Literatur annahm, der Handel von den religiösen Minderheiten (dhimmi) dominiert wurde. Vielmehr passten sich die „Dhimmis" an die islamischen Handelsmethoden an. In seiner Untersuchung über den maritimen Handel des Osmanischen Reiches im 18. Jh. konnte Panzac (1992) zeigen, dass vor allem der Binnenhandel in den Regionen des Schwarzen Meeres und des Indischen Ozeans von muslimischen Händlern dominiert wurde. Die Mittelmeerregion war zwar nach wie vor fester Bestandteil des Europäischen Handels und die Handelschiffe im Besitz der europäischen Mächte, jedoch waren auch hier die Auftraggeber an den Osmanischen Küstenstädten vorwiegend Muslime. So heuerten in Alexandria in den Jahren um 1750 muslimische Händler 6, 8, 10 oder sogar 16 französische Karawanenschiffe im Jahr an und entsandten sie in alle Bereiche des Osmanischen Reiches im Mittelmeerraum. Zwar waren auch die Handelstätigkeiten der Minderheiten im Binnenhandel von wachsender Bedeutung, jedoch lag ihre Stärke im internationalen Handel des Reiches. So waren in den maritimen Handel mit Indien und Persien vor allem Armenier involviert. Im Handel mit Europa waren die Dhimmis, bestehend aus Armeniern, Griechen und Juden, vor allem als Agenten der europäischen Händler tätig. Letztere hatten eine Monopolstellung im Handel mit Frankreich. Sie organisierten die Verkäufe und Lieferungen von europäischen Waren zu den lokalen muslimischen und nicht-muslimischen Abnehmern. Sie dienten auch als Vermittler zwischen den Schiffskapitänen und der Weizen-, Baumwoll- und Seidenproduzenten im Reich. Dabei waren sie immer bemüht einen „Berat" zu erwerben, die sie in den Status eines Günstlings einer europäischen Macht erhob. Dieser schützte sie von der Osmanischen Gerichtsbarkeit und gewährte ihnen die Vorteile des jeweiligen europäischen Staates. Außerdem versuchten die Minderheiten aus dem Status eines Agenten zu einem selbständigen Händler zu wechseln. Ihre persönlichen Beziehungen zu den Europäern und das Beherrschen sowohl der lokalen als auch mindestens einer europäischen Sprache begünstigten die Minderheiten im internationalen Handel des Reiches. Nichtsdestotrotz war der Binnenhandel im 18. Jh. wichtiger als der internationale Handel, so dass die muslimischen Händler in ihren Bereichen den Minderheiten nicht nachstanden. Erst zum 19. Jh. vollzog sich der „Aufstieg" der Minderheiten und somit der Niedergang der muslimischen Händler.

Diese Arbeit behandelt hier anknüpfend die Fragestellung, wie und unter welchen Umständen sich dieser Wandel unter den osmanischen Muslimen und den Nicht-Muslimen vollzogen hat. Dabei ist zu beachten, dass die Dominanz der Dhimmis im 19. Jh. mit dem endgültigen ökonomischen Stillstands des Nahen Ostens verknüpft ist. Daher muss, um den Aufstieg der Minderheiten zu begreifen, zuerst die ökonomische Stagnation des Nahen Ostens näher betrachtet werden. Die Argumentation diesbezüglich wird hauptsächlich den Thesen von Timur Kuran aus seinem 2011 erschienen Buch „The Long Divergence" folgen.

Im ersten Teil der Arbeit werden zunächst die allgemeinen Wirtschaftsbedingungen des Osmanischen Reiches und die Stellung der Nicht-Muslimen betrachtet. Anschließend werden die Umstände des ökonomischen Stillstands erörtert. Hierbei werden die im Reich dominierenden islamischen Partnerschaften und das Fehlen von modernen Unternehmens- bzw. Aktiengesellschaften näher betrachtet. Darauf aufbauend werden die Tätigkeiten der Minderheiten und vor allem die Umstände, die zur Dominanz der Nichtmuslimen führten, analysiert. Der Fokus liegt dabei u.a. auf dem islamischen Rechtspluralismus, welche paradoxerweise den Minderheiten enorme Vorteile gegenüber den Muslimen bot und trotzdem zu einer Islamisierung der Dhimmis führte. Im nächsten Unterabschnitt werden dann die Umstände, die zur anschließenden Verwestlichung der Dhimmis führten betrachtet. Im letzten Teil der Arbeit werden die Ergebnisse zusammengefasst und einer persönlichen Einschätzung bzw. einer Stellungnahme unterzogen.

2. DAS OSMANISCHE REICH UND IHRE MINDERHEITEN
2.1 DIE WIRTSCHAFT DES REICHES

Das Wirtschafts- und Handelsverständnis im Osmanischen Reich wurde hauptsächlich vom Gedanken der maximalen Anhäufung der Staatskasse bestimmt. Somit war das Streben zur Maximierung der öffentlichen Einnahmen der zentrale Grundsatz des Wirtschaftstrebens als der wirtschaftliche Zweck an sich (vgl. Inalcik 1994, S.44). Darüber hinaus bestand die Vorstellung, dass einzig und allein militärische Kraft den Wohlstand des Staates sichern kann. Diese beiden Prinzipien, Maximierung der Staatseinnahmen und die militärische Kraft, bildeten die Basis der Osmanischen Eroberungspolitik (vgl. ebd.). Der wichtigste Wirtschaftssektor war die Landwirtschaft. Im Mittelpunkt der Wirtschaftspolitik stand daher zunächst vorwiegend die Eroberung von neuen Territorien, um diese in Militärlehen (timar) zu unterteilen. Diese wurden einzelnen Kavalleristen (sipahi) für ihre Dienste zugeteilt (vgl. Schuß 2008, S.89 f.). Die Timar-Inhaber bzw. Sipahi konnten somit die von der Regierung festgelegte Steuer von den Bauern einziehen und mussten als Gegenleistung Militärdienste leisten (vgl. Faroqhi 2003, S.67). Das Grundstück war Staatseigentum und somit Eigentum des Sultans (miri-Land). Daher waren die Lehen nicht erblich und die Timarioten konnten jederzeit ausgewechselt werden. Somit wurde die Bildung einer mächtigen Adelsklasse, wie sie in Form von Feudalherren in Europa bestand, verhindert. Daneben konnte das Land - nach islamischem Recht - einer Privatperson (mülk) oder einer Stiftung (waqf) angehören (vgl. Schuß 2008, S.90).

Die wirtschaftlichen Einheiten in den Städten wurden von Kaufleuten und selbständigen Handwerkern gebildet. Die einzelnen Berufsgruppen organisierten sich in Zünften (Lonca) und genossen eine Art der Selbstverwaltung. So legten sie selbst die Anzahl der Handwerker und die Preise der Produkte fest. Außerdem konnten sie in eigener Regie die Steuern auf ihre Mitglieder aufteilen. Der Handel fand in unterschiedlichen Märkten statt, wobei diese staatlichen Regulierungen unterworfen waren (vgl. ebd., S.91). So mussten bestimmte Berufsorganisationen die Städte mit Nahrungsmitteln versorgen. Hierbei hatte die Hauptstadt Istanbul eine herausragende Stellung inne. Es wurden für die Belieferung von z.B. Getreide und Fleisch ganz bestimmte Regionen ausgesucht, wobei bestimmte Kaufleute (Kapan Tüccarlari) das Monopol für den Ankauf erhielten. Die Preise wurden dabei durch den Staat festgelegt, um in Krisensituationen die

Versorgung sicherzustellen. Die Kontrolle der Marktpreise oblag dabei dem Marktaufseher (Muhtesib). Dieser sorgte auf den Märkten auch für die Einhaltung von vorgegebenen Maß- und Gewichtseinheiten (vgl. Inalcik 1994, S.46). Ansonsten war die eigentliche Produktion fei von staatlichen Eingriffen (vgl. Schuß 2008, S.91).

Eine andere Einnahmequelle für die meist größeren Kaufleute war das Pachten von Steuereinheiten (Iltizam). Hierbei gewährte das Reich für eine bestimmte Summe einzelnen Personen das Recht, Steuern von festgelegten Einheiten für eine bestimmte Zeit einzuholen. Später wurde dieses Abkaufsystem auch auf andere Einnahmeeinheiten wie z.B. Zölle, Marktgebühren oder auch Bergwerke angewandt. Durch hohe Pachtsummen mussten sich mehrere Kaufleute zusammentun, wodurch sich der Geldverleih immer mehr ausdehnen konnte (vgl. Panova 1997, S.146 ff.). Im Geschäftsleben des Reiches hatten Kredite eine besondere Rolle. So benutzten die Kaufleute und Händler verschiedene Finanzierungsformen wie z.B. die Übertragungen von Schulden (hawala), den Wechsel (suftaga) oder den Scheck (ruq'a) (vgl. Schuß 2008, S.93). Dabei waren Zinsen im Grunde verboten. Jedoch wurde das Zinsverbot häufig durch unterschiedliche Kunstgriffe umgangen, wodurch die islamischen Gerichte letztendlich Zinsen, die 15% nicht überschritten, teilweise erlaubten (vgl. Inalcik 1994, S.492).

Die lokalen sowie internationalen Handelsbeziehungen wurden durch verschiedene islamische Partnerschaften ausgebaut. Die bekannteste Form, die Mudarba Partnerschaft, war im mittelalterlichen Europa als die Commenda bekannt. Somit konnten die Händler und Kaufleute Geschäftskapital erhalten, dass in verschiedene Unternehmungen bzw. Handelswaren investiert werden konnte.

Durch ihre geographische Lage zwischen Europa und Asien, verliefen durch das Osmanische Reich wichtige Handelsrouten (vgl. Abb.1). Städte wie Bursa, Iznik und Saloniki wurden dadurch zu wichtigen Handelszentren, von wo Waren wie z.B. Seide, Wolle und Gewürze nach Europa (weiter)vermittelt wurden. Die wichtigsten Handelspartner waren Venedig, Frankreich, England und Holland. Von hier wurden Manufakturwaren und fertige Stoffe importiert (vgl. Panova 1997, S.75). Im 17. Jh. hatte das Reich in seiner größten Ausdehnung alle wichtigen Routen nach Asien unter seiner Kontrolle. Das Schwarze Meer wurde zu einem Binnenmeer des Reiches, indem vor allem muslimische Handelsnetzwerke dominierten. Mit der Eroberung Mesopotamiens hatte das Reich Zugang zum Roten Meer und damit eine verkürzte Seeroute zu Indien (vgl. Panzac 1992, S.190 f.).

Abb. 1: Handelsrouten im Osmanischen Reich[1]

Die Schlüsselregion war jedoch das östliche Mittelmeergebiet. Hier kontrollierte das Reich die Küste von Dalmatien bis Marokko. Der Handel wurde mit kleinen Schiffen nahe der Küste zu den einzelnen Häfen betrieben. Der maritime Handel war von großer Bedeutung. Es war der kürzeste und billigste Weg, die Seeroute Istanbul-Smyrna-Alexandria mit den Routen nach Makedonien, Syrien und den Maghreb zu verbinden.

Der Außenhandel des Reiches wurde maßgeblich durch die Kapitulationen[2] (Imtiyazat) beeinflusst. Diese Verträge gewährten den westlichen Staaten einseitige Privilegien. So durften diese z.B. ihre Importe und Exporte mit niedrigen Zollsätzen von 2%-5% durchführen, wohingegen die osmanischen Händler viel höhere Zollsätze zahlen mussten. Hierbei wird auch das Außenhandelsverständnis der Osmanen deutlich. Der Import von europäischen Waren wurde gefördert, während der Export von vor allem strategischen Waren reglementiert wurde (vgl. Schuß 2008, S.95). Dies hatte mit der Vorstellung zu tun, die Güter, die wichtig für den Reichtum waren, im eigenen Land zu

---

[1] Quelle: Inalcik 1994 S. 220-221.
[2] Der Begriff der Kapitulation kommt vom lat. Capitule (Kapitel), in die die Verträge unterteilt waren.

behalten. Darüber hinaus waren die ausländischen Bürger von Steuern und Gebühren befreit. Außer wirtschaftlichen Privilegien gewährten die Kapitulation auch Garantien für die Freiheit und Sicherheit der ausländischen Bürger. Diese exterritoriale Vereinbarung garantierte ebenfalls die freie Religionsausübung. Des Weiteren wurden für die privilegierten Staaten Konsuln bestätigt, die Immunität genossen und nicht der osmanischen Jurisdiktion unterstanden (vgl. Panaova 1997, S.78 f.). Die erste und umfangreichste Kapitulation wurde 1535 von Sultan Süleyman I. an Frankreich gewährt. Später folgten Verträge mit Venedig, England und Österreich.

2.2 DER STATUS DER NICHT-MUSLIME

Der rechtliche Status der Minderheiten im Osmanischen Reich begründete sich im Wesentlichen auf die alten Traditionen und Überlieferungen aus der Entstehungsphase des Islam. Einerseits war der Islam auf die Islamisierung der umliegenden Gegend gerichtet, andererseits wurden die anderen monotheistischen Religionen respektiert und toleriert (vgl. Gerber 2008, S.35). So ist überliefert, dass der Prophet Mohammed selbst bei der Eroberung der Arabischen Halbinsel, die dort ansässigen Juden und Christen als sogenannte Buchbesitzer und daher als Schutzbefohlene (dhimmi) ansah. Als Bürger (reaya) hatten die Dhimmis dabei das Recht ihre Religion im Grunde frei auszuleben und Eigentum zu besitzen, solange sie die Überlegenheit des Islams akzeptierten und als symbolische Unterlegenheit eine spezielle Kopfsteuer (cizye) entrichteten (vgl. ebd.). Dafür wurden sie, im Gegensatz zu den muslimischen Bürgern, von der Militärpflicht befreit. Als Beschränkungen unter islamischer Herrschaft, durften Christen und Juden keine neuen sakralen Gebäude errichten, keine Waffen tragen und mussten spezielle Kleidung tragen. Außerdem konnten sie vor Gericht gegenüber einem Muslimen nicht als Zeugen auftreten oder eine muslimische Frau heiraten (vgl. Gibb and Bowan, 1950, S.207ff.). Diese Tradition wurde von den Seldschuken und schließlich von den Osmanen übernommen (vgl. Panova 1997, S.50). Insbesondere nach 1453 mit der Eroberung von Konstantinopel beherrschten die Osmanen das Zentrum der griechisch-orthodoxen Kirche. Zu dieser Zeit hatte das Reich bereits weite Teile des Balkans erobert, womit es eine große Population an Christen ins Reich einverleibte. Konstantinopel wurde in Istanbul umbenannt und als Hauptstadt neu ausgebaut. Sultan Mehmet II begann direkt nach der Eroberung mit der Neubesiedlung der Stadt, wobei er neben Muslimen interessanterweise Christen und vor allem Juden ansiedeln ließ. Damit bezweckte er neben einem kulturellen Zweck, besonders das Ziel ein wirtschaftliches Zentrum aufzubauen (vgl. Menzel 2008, S.18). Diese politischen Ziele führten zu einem besonderen Umgang mit den Minderheiten. Die Beziehungen zwischen dem Osmanischen Staat und den Minderheiten basierte dabei auf dem Prinzip des Millet-Systems (vgl. Panova 1997, S.49). Demzufolge konnten sich die griechisch-orthodoxe, die armenisch-gregorianische und die jüdische Gemeinschaft auf religiöser Basis selbst organisieren. Solange kein Muslim beteiligt war, konnten die einzelnen Millets ihre wirtschaftlichen bzw. rechtlichen Belange und Streitigkeiten in ihren eigenen Gerichten erledigen. Bei Streitigkeiten, wo mindestens ein Muslim beteiligt war, galt jedoch das islamische Recht (Scharia). Die Führung der Millets oblag bei den Christen den Patriarchen und bei den Juden den Oberrabbiner[3]. In ihren Aufgabenkreis gehörten auch Bereiche, wie die Eheschließung, das Erbrecht und die Bildung der Gemeinschaften.

Der Staat hatte durch diese interne Autonomie das Ziel, die Probleme und die Pflichten der Minderheiten auf die Gemeinschaften zu übertragen (vgl. ebd., S.50). Besonders der Steuereinzug wurde somit von den religiösen Führern der einzelnen Gemeinschaften durchgeführt und der Zentralmacht überführt. Hinter diesem System stand weniger eine Toleranzpolitik seitens der Hohen Pforte als vielmehr reines politisches Kalkül. Die geistlichen Führer konnten als gut organisierte und (im Falle der orthodoxen Kirche) bereits etablierte Verwaltungsinstrumente genutzt werden, um die Minderheiten zu überwachen und zu kontrollieren (vgl. Werner 1985, S.335).

In wirtschaftlicher Hinsicht waren die osmanischen Christen und Juden insbesondere als Steuerpächter aktiv. Dadurch konnten sie großes Kapital anhäufen. Als Großhändler und Kreditgeber hatten sie im 15. und 16. Jh. großen Einfluss bei der Pforte erlangt (vgl. Inalcik 1994, S.260 f.). Dabei hatten in Bereichen wie der Medizin und diversen Bankgeschäften besonders die jüdischen Immigranten aus Spanien eine führende Rolle. Durch ihre früheren Kontakte und Kenntnisse von unterschiedlichen europäischen Sprachen erlangten sie außerdem hohe Positionen als Diplomaten des Reiches. Bis zum 18. Jh. wurden jedoch die hohen Positionen der Juden von meist griechischen Christen ersetzt (vgl. Issawi 1982, S. 262 f.). Eine andere herausragende Stellung hatten die Minderheiten als Handwerker und Händler in den großen Zentren wie z.B. Istanbul, Bursa oder Saloniki. Den letzteren Ort hatten die jüdischen Siedler zu dem größten

---

[3] Nach Braude (1982) hatte die Funktion des Oberrabbiners nicht über alle Juden im Reich Geltung. Vielmehr hatten die unterschiedlichen jüdischen Gemeinden ihre eigenen Gemeinderabbis.

Textilzentrum im Reich ausgebaut. Wie die muslimischen Handwerker, organisierten sich die Minderheiten ebenfalls in Zünften mit eigenen Regelungen.

Erst mit den Tanzimat-Reformen[4] im 19. Jh. wurde das Millet-System abgeschafft und die Minderheiten erhielten den gleichen Status wie die Muslime (vgl. Faroqhi 2003, S. 276).

---

[4] Als Tanzimat werden die Reformen im Osmanischen Reich bezeichnet, die das Militär, die Regierung, die Justiz und die Wirtschaft modernisieren sollten.

3. DER ÖKONOMISCHE STILLSTAND

3.1 DIE ISLAMISCHEN PARTNERSCHAFTEN

Es gab verschiedene Formen von islamischen Partnerschaften, die seit dem Mittelalter im Nahen Osten angewendet wurden. Die Basis bildete dabei die Mufawada Partnerschaft. Bei dieser Form handelt es sich um eine Art Gesellschaft mit unbeschränkter Haftung. Den Schwerpunkt der Mufawada bilden der vertragliche Umfang und die Kapitalbeteiligung der Teilhaber. So ist bei der Mufawada jeder Partner gleichzeitig sowohl der Agent als auch der Bürge des anderen. Des Weiteren haften alle Teilhaber - in Proportion zu ihrem Anteil an der Kapitalanlage - gleichermaßen für Verpflichtungen der Gesellschaft. Dabei gibt es keine Beschränkung an dem Umfang der Unternehmungshaftung. Das verfügbare Eigentum aller Partner wird in die Kapitalanlage der Partnerschaft eingebunden.

Eine wesentliche Eigenschaft der Mufawada ist die Gleichheit der Partner in jeder Hinsicht. Dies beinhaltet nicht nur den Umfang der Investition und die Verteilung von Gewinn und Verlust, sondern auch den persönlichen Status der Partner. Somit besteht eine gültige Mufawada nur zwischen freien Personen. Eine andere Eigenschaft umfasst den Umfang der Handelsaktivitäten, wobei jede Aktivität eines Partners innerhalb der Gesellschaft stattfindet (vgl. Udovitch 1970, S.40 ff.).

Jede Partnerschaft, in der nicht alle kommerziellen Transaktionen der beteiligten Parteien stattfinden und die nicht die Gleichberechtigung der Investitionen, den persönlichen Status und die Verteilung der Gewinne und Schulden vorsieht, ist eine Inan Partnerschaft.

Die Inan Partnerschaft könnte man als eine Gesellschaft mit beschränkter Haftung beschreiben. Im Gegensatz zu der Mufawada, kann die Inan eine Vielzahl an Formen hinsichtlich der Beteiligung der Partner zum Stammkapital und der Aufteilung von Gewinn und Verlust sowie der Arten von Waren mit der sie handeln, annehmen. Darüber hinaus besteht bei der Beziehung der Partner zu Drittparteien und zueinander das Agentenprinzip. Dabei ist jeder Partner der Agent des anderen, jedoch nicht der Bürge, wie es bei der Mufawada der Fall ist. Diese gegenseitigen Agentenbeziehungen sind nur innerhalb der Handelsaktivitäten für die Gesellschaft oder in dem Bereich des Gesellschaftskapitals gültig. Die Partner können ein Teil ihres Vermögens investieren, während der Rest außerhalb der Gesellschaft bleiben kann. Wenn jedoch das gesamte

Gesellschaftskapital oder auch das eines Partners verloren geht bevor etwas gekauft wurde, wird die Partnerschaft für nichtig erklärt (vgl. Udovitch 1970, S.119 ff.).

Die wohl bekannteste Partnerschaft im Nahen Osten war jedoch die Commenda oder Mudaraba. Hierbei stellt der Investor einem oder mehreren Agenten (Mudarrib) Kapital oder Waren für ein bestimmtes Handelsprojekt zur Verfügung. Der Agent kauft oder verkauft die Waren und kehrt anschließend zum Geldgeber mit dem Kredit und einen vorher festgesetztem Anteil des Gewinns zurück. Der Mudarrib trägt dabei einzig und allein das Verlustrisiko seiner Arbeitsleistung bzw. Arbeitszeit, wohingegen der Geldgeber allein das finanzielle Risiko seines eingebrachten Kapitals trägt.[5] Als eine Entlohnung für seine Arbeit bekommt der Agent den übriggebliebenen Anteil des Gewinns. Der Geldgeber ist darüber hinaus nicht direkt gegenüber einem Dritten haftbar. Diese Besonderheiten machen die Mudaraba besonders für den Fernhandel geeignet (vgl. ebd., S.170 ff.).

Die Handelsbeziehungen im 10. Jh. waren überall auf der Welt von persönlichen Kontakten geprägt. Die Kreditgeber finanzierten nur vertrauensvollen Händlern, die sie oder andere Händler kannten. Die häufigsten Partnerschaften wurden jedoch zwischen Familienmitgliedern geschlossen. Dabei hatten die Gerichte u.a. die Aufgabe über Streitigkeiten oder vertragliche Konflikte zwischen diesen zu urteilen. Die islamischen Partnerschaften hatten dabei eine vorteilhaftere Lösung: Sie ermöglichten auch Handelsbeziehungen zwischen Nichtverwandten. Das klassische islamische Vertragsrecht sah für Unternehmer verschiedene Vertragsmuster vor, die jeweils für ein Spektrum von unterschiedlichen Zielsetzungen geeignet war. Für die Regulation von unpersönlichen Handelsbeziehungen, wie z.B. der Investition in Aktienmärkte, gab es damals keinen Handlungsbedarf.

Es war zu dieser Zeit, dass die islamischen Partnerschaften ihre klassische Form erhielten und bis zur Zeit der Industrialisierung nicht verändert haben. Bis zum 19. Jh. war es die Basis für Handelsbeziehungen zwischen Nichtverwandten im ganzen Orient. Es gab keinen Anlass für komplexere Geschäftsbeziehungen mit einem unbestimmten Zeithorizont. Währenddessen sahen die westeuropäischen Staaten die Entstehung von dauerhaften und größeren Organisationen vor. Trotz der simplen und kurzlebigen Partnerschaften, formten sich schrittweise überall in Europa komplexe Unternehmen

---

[5] Siehe hiezu auch Imran (2008, S.83f.).

nach den Bedingungen, die der Geschäftswelt zur Verfügung standen. Dabei wurden die Beziehungen immer mehr unpersönlicher (vgl. Kuran 2011, S.63).

Die Islamischen Partnerschaften konnten von jedem Partner jederzeit aufgelöst werden. Der Tod eines Partners hatte ebenfalls die Auflösung zur Folge, dabei spielte es keine Rolle ob die anderen Partner vom Tod wussten. Nachträgliche Gewinne oder Verluste wurden an die restlichen bzw. verbliebenen Partner aufgeteilt. Die Erben des Verstorbenen nahmen nicht automatisch seine Stellung ein. Wenn das Unternehmen weitergeführt werden sollte, musste eine neue Partnerschaft verhandelt werden (vgl. Udovitch 1970, S.117). Jeder weitere Partner erhöhte somit das Risiko der vorzeitigen Auflösung durch Tod oder der Entscheidung sich zurückzuziehen, bevor der Vertrag erfüllt wurde. Das Risiko stieg also mit der erwarteten Dauer der Partnerschaft. Eine islamische Partnerschaft war somit nicht geeignet für große und langlebige Geschäftsunternehmungen mit entweder aktiven oder passiven Beteiligungen von mehreren Personen. Somit ist es nicht überraschend, dass die typische islamische Partnerschaft aus meist zwei Partnern bestand. Nach der Studie der Gerichtsregister von Istanbul des 17. Jh.s, konnte Kuran (2011) zeigen, dass 77,1% der Partnerschaften aus nur 2 Personen bestand. Wohingegen lediglich 7,6% der Partnerschaften 5 oder mehr Personen aufweisen konnten. Eine Tendenz zur größeren Partnerschaften konnte zwischen der ersten und zweiten Hälfte des Jahrhunderts nicht beobachtet werden (vgl. Abb.2). Es gibt bis ins 18. Jh. keinen Nachweis für die Entwicklung von größeren Partnerschaften, so dass davon ausgegangen werden muss, dass der gewerbliche Sektor institutionell stagnierte.

Wenn die Partnerschaft nur für den Handel allein gegründet wurde und keine Produktion vorgesehen war, hatte es Ressourcen für nur eine Handelsmission. Obwohl die Mission eine oder zwei Jahre andauern konnte, wurde es meistens in einigen Monaten beendet. Sogar in Fällen, wo die Partner eine lange personelle Beziehung pflegten. Die Investition der Auftraggeber war meistens sehr klein, da risikoaverse Investoren ihr Kapital zwischen mehreren Handelsunternehmungen aufteilten. So konnten Händler die von mehreren Investoren finanziert wurden, Waren von begrenztem Wert mitführen. Die großen Auftraggeber verminderten ihr Risiko, indem sie Verträge mit vielen Händlern (oder Agenten) abschlossen, die in verschiedene Richtungen und Regionen reisten.

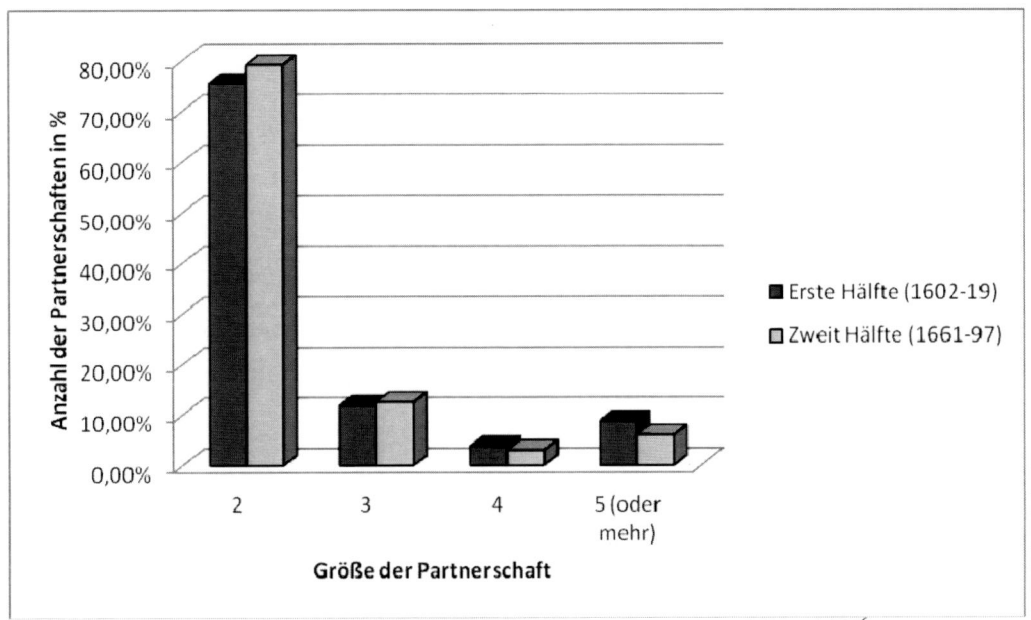

Abb. 2: Größenverteilung der Partnerschaften in Istanbul, 1602 – 1697[6]

Studien über die vorindustriellen Städte des Nahen Ostens wie Istanbul, Aleppo und Kairo zeigen, dass im Ganzen weder der Umfang noch die Organisation von Handelsaktivitäten sich über die Zeit verändert haben (vgl. Kuran 2011, S.67).

Jedoch wurde auch im Nahen Osten die Notwendigkeit für Netzwerke, die Handelsaktivitäten in verschiedenen Städten koordinierten, gesehen. Das Prominenteste war im 17. und frühen 18. Jh. ein armenisches Handelsnetzwerk mit dem Zentrum in New Julfa, Iran, das sich von den Niederlanden bis nach China erstreckte. Diese Netzwerke kann man jedoch aus organisatorischem Standpunkt nicht mit den Leistungen der Unternehmungskonglomerate in Westeuropa vergleichen. Sie bestanden aus Familienunternehmen, die eher episodisch miteinander kooperierten und waren demnach keine zentralisierten und dauerhaft angelegte multifamiliäre Organisationen. Als Partnerschaftsformen in diesem Netzwerk, wurden Mudaraba oder Inan benutzt.[7] Durch ihre kurze Dauer konnten diese Partnerschaften nur geringe Ressourcen bündeln.

Nach Kuran (2010) war ein wesentliches Hindernis für die Aufrechthaltung von erfolgreichen Unternehmungen das islamische Erbrecht. Es hatte eine egalitäre Aufteilung des Vermögens des Verstorbenen an die gesamten Hinterbliebenen zur Aufgabe. Somit wurde das Vermögen nicht nur zwischen der Kernfamilie, sondern unter Umständen zwischen weiter entfernten Verwandten aufgeteilt. Trotz ihrer eigentlich „ge-

---

[6] Leicht modifizierte Abbildung in Anlehnung an Kuran (2011, S. 65).
[7] Tatsächlich gab es in der Region vor dem 20 Jh. keinen bekannten Fall von großfinanzierten Unternehmen, ausgenommen von solchen wo Ausländer involviert waren (siehe Kuran 2011, S.71)

rechten" Aufteilung, führte es jedoch zur Aufsplitterung von erfolgreichen Partnerschaften. Da eine islamische Partnerschaft bei dem Versterben eines Partners aufgelöst wurde, hätte vielleicht ein Hinterbliebener das Geschäftskapital in die Partnerschaft wieder einführen können. Bei mehreren Erben wurde die Weiterführung jedoch erheblich erschwert. Eine Folge dieses Systems war schließlich, dass die Händler oder Investoren bewusst kleine und kurzlebige Partnerschaften gründeten. Somit minimierten sie sowohl die Wahrscheinlichkeit mit dem Erben ihrer Partner zu verhandeln, als auch die Kosten für die vorzeitige Auflösung der Partnerschaft.

3.2 DAS FEHLEN VON MODERNEN UNTERNEHMENSGESELLSCHAFTEN

Die im vorigen Kapitel identifizierten Hindernisse, um eine stabile Partnerschaft zu etablieren, erklären nicht vollkommen, warum die Händler und Investoren nicht in der Lage waren dauerhafte Unternehmen zu errichten. Nach Kuran (2011) hätten die Einschränkungen des islamischen Vertragsrechts durch eine organisatorische Form der Unternehmensgesellschaft überwunden werden können. Diese Unternehmen wären eine juristische Person und ihre Eigentümer könnten ihre Anteile an andere übertragen. Somit wäre eine dauerhafte Existenz der Unternehmen gewährleistet.

Jedoch erkennt das islamische Recht nur natürliche Personen an. Das Konzept einer rechtlichen Persönlichkeit ist dem islamischen Recht somit fremd. Für das Entstehen von Gesellschaften nach europäischem Vorbild, war dies ein enormes Hindernis (vgl. Kuran 2010, S.69).

Erst ab dem späten 16. Jh. wurden in den westlichen Staaten die kommerziellen Partnerschaften in Unternehmensgesellschaften organisiert. Die Restriktionen der Commenda haben die Italiener durch die zunächst auf familienbasierende Firma (compagnia) überwunden. Diese Form von Partnerschaften wurde unter Familienangehörigen gebildet, unter der Annahme, dass jeder Partner unbeschränkt und gesamtschuldnerisch haftet. Obwohl auch die Compagnia bei dem Versterben eines Partners aufgelöst wurde, konnte es trotzdem sofort mit dem gleichen Namen und dem Stammkapital wieder hergestellt werden. Die größten Familienfirmen konnten somit riesiges Vermögen anhäufen. Entscheidend für den Erfolg waren, dass u.a. die Langlebigkeit und die Haftbarkeit der Compagnia den Vertragsbedingungen Glaubwürdigkeit verlieh. Eine besondere Form entwickelten die Medici in Italien (1397-1494). Dieses Familiennetzwerk bestand aus einer zentral geleiteten Partnerschaft und weiteren subsidiären Partnerschaften mit jeweils einem Filialleiter, der gesamt und unbeschränkt für seine Filiale haftete. Die Haftung beschränkte sich dabei einzig auf die eigene Filiale. Eine Folge war die Teilung der Vermögenswerte des Netzwerkes durch Eigentümerschutzmaßnahmen, welches Investitionen im gesamten Unternehmen förderte. Das erklärt sich daraus, dass die Investoren nur den jeweiligen Filialen trauen mussten. So war z.B. die Vertrauenswürdigkeit eines Partners in Brügge von geringer Bedeutung für einen Investor aus Venedig. Die organisatorische Komplexität des gesamten Medici Unternehmens trug auch zur Verbreitung der doppelten Buchführung bei, welches später zur Ausbreitung der Kapitalgesellschaften beitrug. Eine wesentliche Eigenschaft dieser Handelsnetzwerke war ihre Langlebigkeit, eine Schlüsseleigenschaft der Kapitalgesellschaft (vgl. Kuran 2005, S.804 f.).

Eine andere Vorbedingung für eine Kapitalgesellschaft war die Handelbarkeit von Anteilen oder Aktien. So betrieben im 14. Jh. die italienische See-Partnerschaft (societas navalis) ein Schiff als Kapital, welches in bestimmte Anteile (carati) unterteilt wurde. Die Haftung der Anteilseigner war jeweils auf ihre eigenen Anteile beschränkt. Dabei waren die Anteile handelbar. Jedoch mussten die anderen Anteilseigner ihre Zustimmung dafür abgeben. Diese Regelung beabsichtigte die Erhaltung der Leitungskontrolle gegenüber ungebilligten Personen. Eine Folge dieser Innovation war die Erhöhung des Umfangs von Ressourcenbildung und die größere Lebensdauer gegenüber der einfachen Partnerschaft.

Ein anderer Vorläufer der Kapitalgesellschaft war die 1407 gegründete genuesische Bank von San Giorgio. Die Anteilseigner erhielten dabei eine an den Profit gebundene Ausschüttung. Die Leitung wurde von dem größten Anteilseigner kontrolliert. Die hierbei angewandte Methode der Trennung von Management und Eigentümer war ein weiteres Merkmal der Kapitalgesellschaft. In einer einfachen Partnerschaft konnte jedes Mitglied, durch die Möglichkeit der frühzeitigen Auflösung, gegen jede Entscheidung des Anderen Einspruch erheben (vgl. ebd.).

Trotz dieser organisatorischen Innovationen der Italiener, waren es die Engländer und Holländer, die im späten 16. Jh. die frühesten Kapitalgesellschaften gründeten. Der Anreiz dafür war die Erschließung neuer Handelsmöglichkeiten durch die globale Expansion. So entstanden Übersee-Handelsgesellschaften im Zuge der Eroberung von neuen Märkten, im Auftrag von bestimmten Händlergruppen. Diese ersten Aktiengesellschaften waren u.a. die aus englischen Händlern gegründete Levant Company mit dem Handelsschwerpunkt im Nahen Osten und die East India Companies der Engländer und Holländer, welche ihre Geschäfte in einer Region ausübten, die Teil des muslimischen Herrschaftsbereiches war und auch von nahöstlichen Händlern besucht wurde. Dabei entwickelten die Handelsgesellschaften eigenständige Hauptmerkmale des modernen Unternehmens. So war das Unternehmenskapital auf Dauer ausgelegt, die Unternehmensanteile waren übertragbar, das Management wurde professionalisiert und die Besitz- und Kontrollverhältnisse wurden getrennt. Des Weiteren hatten die Companies den Status einer juristischen Person. Das Ziel der Unternehmen war die maximale Erhöhung des Anlage- und Arbeitskapitals. Diese Zielsetzung brachte drei Akteursgruppen hervor: Die aktiven Händler, die passiven Kreditgeber und der Staat. Die Rolle des Staates bestand in der Vergabe von Freibriefen bzw. von exklusiven Handelsrechten an die Handelsgesellschaften und im Durchsetzen der Vereinbarungen zwischen den Mitgliedern. Der Staat hatte weiterhin durch Steuerabgaben und günstige Kredite einen Anteil an dem erwirtschafteten Gewinn. Darüber hinaus profitierte es durch verschiedene Anlagegüter der Gesellschaften, wie z.B. den Botschaften und Konsuln in Asien, den Handelseinrichtungen und den Schiffen, die in Kriegszeiten eingesetzt wurden. Der Verlauf der Überseegesellschaften zeigt wie die Bemühungen die Probleme neuartiger Institutionen zu lösen, neue Innovationen hervorbringt und somit der organisatorische Wandel sich verselbständigt (vgl. Kuran 2005, S.807 f.).

Die ökonomische Dominanz des Westens hatte ihren Ursprung in dem Bestreben zu größeren, immer komplexeren, dauerhafteren und nach Profit strebenden Unternehmen. Das konnte man nur durch weiterentwickelte organisatorische Strukturen erreichen. Die Erweiterung des organisatorischen Umfangs, der Komplexität und der Langlebigkeit wurde erst mit der Entstehung von weiterentwickelten Finanztechniken ermöglicht. Beispiele hierfür sind die doppelte Buchführung und der Aktienhandel (vgl. ebd., S.811). Jedoch entstand auch in den islamischen Regionen ein Bedürfnis nach einer Organisationsform mit einer undefinierten Lebensdauer. Vor allem die hohen Kosten für die Bereitstellung von dauerhaften sozialen Dienstleistungen erhöhten den Bedarf nach einer Organisation ähnlich einer Unternehmungsgesellschaft. So boten die Strukturen von z.B. Moscheen, Brunnen und Schulen (Medressen) eine dauerhafte ökonomische Nutzungsdauer. Außerdem waren sie mit hohen Investitionen verbunden. Diese Dienstleistungen wurden von den Waqfs (fromme Stiftungen) bereitgestellt. Diese Waqfs finanzierten und verwalteten verschiedene Einrichtungen. Darüber hinaus waren sie die Betreiber von den Karawansereien, die außerhalb der Städte von reisenden Händlern benutzt wurden.

Ein Waqf wurde von einem Eigentümer von unbeweglichen Gütern gegründet, um auf Dauer angelegte Funktionen nach islamischem Recht zu erfüllen. Davon ausgenommen waren staatliche monopolisierte Funktionen, wie z.B. die Kriegsführung. Wie eine Unternehmensgesellschaft, konnte es auf spezielle Bedürfnisse abgestimmt werden. Darüber hinaus konnte es den Gründer und die Beschäftigten überleben.

Es gab jedoch auch grundlegende Unterschiede zur Unternehmensgesellschaft. Während die Gründung einer Gesellschaft durch den Gemeinwillen der Mitglieder einer Gemeinschaft erfolgen kann, muss der Gründer der Waqf aus einem Individuum bestehen. Des Weiteren sollte die Kontrolle einer Gesellschaft von wechselnden Mitgliedern ausgeführt werden. Die Waqf wurde dagegen durch die Anweisungen in der Gründungsurkunde einzig von dem Gründer kontrolliert. Dementsprechend war die Mission des Waqf unwiderruflich, so dass nicht einmal der Gründer die angegebene Absicht zurücknehmen konnte. Ein weiterer Unterschied betraf die Selbstverwaltung. So konnte eine Gesellschaft ihre eigenen Regeln neu definieren, wobei die Geschäftsordnung der Waqfs fest verankert war. Die Vorschriften des Gründers wurden somit durch die Gerichte durchgesetzt (vgl. Kuran 2011, S.110 f.).

Die Frage, wieso gerade das Konzept der Stiftung bevorzugt und die Unternehmensgesellschaft dabei gemieden wurde, hat mehrere Gründe: Zum einen wurde mit der Auswahl des Waqfs die in der islamischen Welt vorherrschenden Vorstellung einer der Gemeinschaft dienenden Struktur begründet. Zum anderen war seitens der muslimischen Herrscher die Förderung von Institutionen, die von einer einzelnen Person gegründet und verwaltet wurden, zu begünstigen. Daneben könnten Institutionen in einem stark zentralisierten Staat, die von organisierten Gruppen geführt wurden und eine Form der unabhängigen Selbstverwaltung zur Folge hätten, den Widerstand von bestehenden islamischen Institutionen herbeiführen. Für das Verständnis der Herrscher des osmanischen Reiches wären diese internen Reibereien nicht erwünschenswert gewesen. Im Gegensatz zu den Staatsmännern des Westens, hatten die Sultane die Macht, solche Selbstverwaltungsbemühungen zu verhindern.

Für Individuen bot die Waqf, neben dem Motiv des Prestige und der Gemeinnützigkeit, den Vorteil von finanziellen Einnahmen für den Gründer und seiner Familie. Der Gründer konnte sich selbst zum mutawalli (Manager) des Waqf ernennen, sein eigenes Gehalt festlegen, seine Familienangehörigen in gutbezahlte Positionen einstellen und seine Nachkommen bestimmen. Damit konnte sogar die islamische Erbschaftsregel umgangen werden. Außerdem konnten die Gründer - durch die Einrichtung eines Waqf - ihr Vermögen absichern. Durch die Einbettung des Waqf als Institution in das islamische Recht, war es in Zeiten der Notlage unwahrscheinlicher, dass der Sultan das Vermögen beschlagnahmen lies. Im Vergleich dazu war das Privateigentum von reichen Bürgern in Notsituationen gefährdet. Somit fungierte der Waqf als eine Art Vermögensschutz. Daher waren die Waqfs bis in die Neuzeit eine beliebte Organisation im ganzen Nahen Osten, wobei ihre Zahl gegenüber den Stiftungen in Europa das Vielfache betrug. Aufgrund dieser Besonderheiten, wurden die Anreize zur Entwicklung von großen und langlebigen Unternehmen abgeschwächt (vgl. Kuran 2005, S.819 f.).

Bis zur Gründung der Sirket-i Hayriye im Jahr 1851 durch den osmanischen Sultan Abdulmecit, gab es ansonsten keine nennenswerte organisatorische Innovation im kommerziellen Sektor des Reiches. Das Verkehrsunternehmen Sirket-i Hayriye war die erste von Muslimen dominierte Aktiengesellschaft im osmanischen Reich mit Hauptsitz in Istanbul. Ihre Eigentümerschaft war in 2.000 handelbare Aktien unterteilt. Der größte Anteilseigner war der Sultan selbst. Die anderen bestanden aus hohen türkischen Regierungsbeamten und ein paar einflussreichen, meist armenischen Finanzmännern. Zur dieser Zeit wurde die osmanische Wirtschaft von großen und dauerhaften ausländischen Unternehmen dominiert. Die Gründung einer von Muslimen dominierten Kapitalgesellschaft zeigt, dass die osmanische Elite die klassischen islamischen Partnerschaften nicht geeignet für den Banken- und produzierenden Sektor ansah. Mit anderen Worten begriffen sie, dass das islamische Vertragsrecht den organisatorischen Strukturen, die die globale Wirtschaft nun dominierten, nicht gewachsen war. Das Hauptmerkmal der Sirket-i Hayriye, in Bezug auf die organisatorische Entwicklung der Region, war zweifellos die Übertragbarkeit ihrer Anteile. Wie oben erwähnt, wurde die traditionelle Partnerschaft mit dem Rückzug oder Tod eines einzigen Partners aufgelöst. Dieses Hindernis beschränkte Investitionen in große und langlebige Unternehmen. Die Sirket-i Hayriye überlebte den Wechsel ihrer Mitglieder, indem die Anteile einem anderen übertragen wurden. Trotz dieser Innovation bzw. der Angleichung an europäische Verhältnisse wurde das Unternehmen als Gesellschaft ohne eigene Rechtspersönlichkeit gegründet. Ohne den Status einer juristischen Person fehlte sowohl dem Unternehmen als auch den islamischen Partnerschaften die beschränkte Haftung für die Gesellschaft. Somit konnten die Kreditgeber eines einzelnen Anteilseigners die Gesellschaft zur Auflösung zwingen (vgl. Kuran 2011, S.98 f.). Nur durch den Schutz von Sultan

Abdulmecit konnte die Sirket-i Hayriye erfolgreich bestehen. Andere Kapitalgesellschaften ohne diesen Schutz würden angreifbarer sein und dadurch Schwierigkeiten haben erfolgreich Kapital anzuschaffen. So waren tatsächlich in den nächsten 50 Jahren nach der Gründung der Sirket-i Hayriye, die meisten Unternehmen im Osmanischen Reich durch ausländische Händler nach westlichen Grundsätzen etabliert. Lokale Gesellschaften dagegen wurden meist von den Minderheiten nach westlichem Vorbild gegründet. Die von Sultan Abdulmecit erhoffte Vorbildfunktion der Sirket-i Hayriye, um eigene und von meist Muslimen dominierte Gesellschaften zu formen, trat erst nach 1908 mit der Verabschiedung eines entsprechenden Aktiengesetzes ein (vgl. Abb. 3).

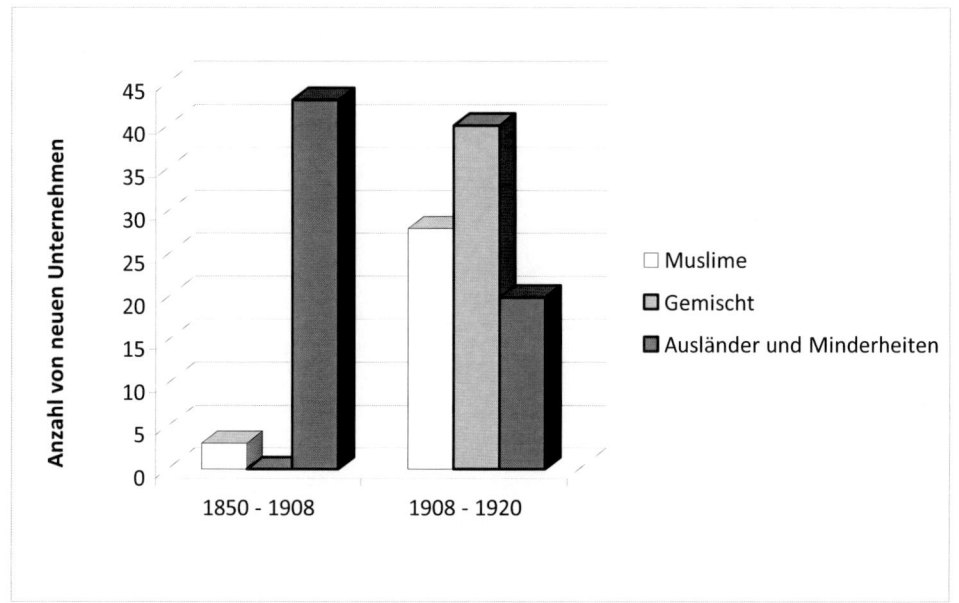

Abb. 3: Osmanische Aktiengesellschaften zwischen 1850 und 1920[8]

---

[8] Leicht modifizierte Abbildung in Anlehnung an Kuran (2011, S. 99).

4. DER AUFSTIEG DER MINDERHEITEN

Am Ende des 18. Jh.s dominierten muslimische Händler weite Bereiche des Osmanischen Handels. Vor allem waren sie in großem Maße im inneren Hinterland (Ostanatolien und Syrien) des Reiches vertreten. Besonders der lokale bzw. interregionale Handel, sowie der Handel mit Iran und Indien blieben in muslimischer Hand (vgl. Inalcik 1994, S.838). Dabei spielte die lokale Wirtschaft gegenüber dem internationalen Handel, wo mehrheitlich Dhimmis vertreten waren, immer eine wichtigere Rolle (vgl. Panzac 1992, S.202). Somit dominierte keine der religiösen Gemeinschaften über die andere in Bezug auf wirtschaftliche Aktivitäten. Als jedoch Anfang des 19. Jh.s, mit der Zunahme von Handelstätigkeiten der Europäer und dem gleichzeitigen Niedergang des mittelöstlichen Handels, der internationale Handel anstieg, errangen die einheimischen Christen und Juden im kommerziellen Sektor einen enormen Vorteil gegenüber den Muslimen. Besonders in den Städten machte sich die überragende Rolle der Dhimmis im wirtschaftlichen Sektor bemerkbar. So waren 1884 in Trabzon an der Schwarzmeerküste von 33 Exporteuren, nur drei türkische Händler, ein Schweizer, und die restlichen 29 Griechen oder Armenier. Von den 63 Hauptimporteuren waren nur 10 Muslime und die anderen bestanden wieder aus hauptsächlich christlichen Minderheiten. Dabei waren 54% der Bevölkerung Muslime während die Griechen und Armenier 40% ausmachten (vgl. Abb.4). Sogar in mehrheitlich arabischen Handelszentren machte sich die kommerzielle Dominanz der Minderheiten bemerkbar. In Beirut waren 1848 nur drei der 34 Importeuren und Exporteuren muslimischen Glaubens. Der Rest lag in der Hand der Christen (vgl. Abb.5).

Trabzon 1884

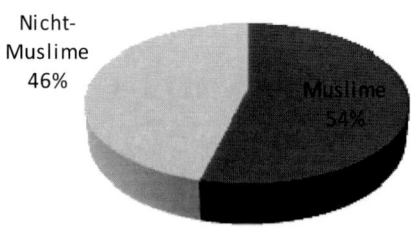

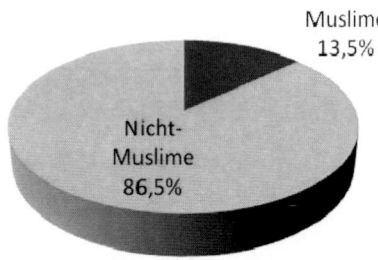

Abb. 4: Anteile der Minderheiten im Import-Export Sektor von Trabzon (1884)[9]

So war der Lebensstandard der Minderheiten im 19. Jh. deutlich höher als die von ihren muslimischen Nachbarn. Es verwundert nicht, dass die osmanischen Herrscher angesichts dieser Entwicklung am Ende des Jahrhunderts mit weitreichenden Reformen versuchten, die wirtschaftliche Leistungsfähigkeit der Muslime zu verbessern.

Dennoch zeigen die Statistiken von 1912, dass die muslimische Bevölkerung des gesamten Osmanischen Reiches eine untergeordnete Rolle in dem Handel mit dem Westen spielte. Sie machten lediglich 15% der lokalen Händler aus, während die Griechen mit 43% und die Armenier mit 23% die meisten Händler stellten (vgl. Abb.6).

---

[9] Leicht modifizierte Abbildung in Anlehnung an Kuran (2011, S.192).

Beirut 1848

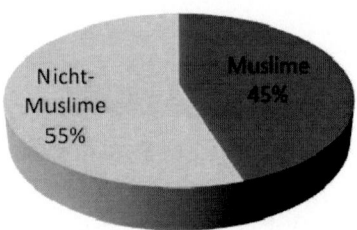

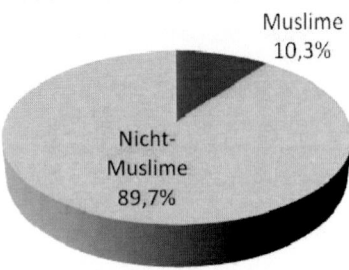

Abb. 5: Anteile der Minderheiten im Import-Export Sektor von Beirut (1848)[10]

Der Erfolg der Minderheiten wurde oft als Ergebnis des europäischen Imperialismus und der Bevorzugung des Westens für Nicht-Muslime angesehen oder auch dem festen kollektiven Zusammenhalt zugeschrieben. Andere Erklärungen waren, dass Moslems Zinsen verboten, auf wirtschaftliche Tätigkeiten herabsahen und Militärische Verpflichtungen ausübten, von denen die Minderheiten befreit waren.

Nach Kuran (2004) erfassen diese Theorien jedoch nicht vollkommen den Aufstieg der Minderheiten. Zumal keines dieser Faktoren im 18. Jh. entstand und somit weder erklären, warum sich die Dhimmis im untersuchten Zeitraum absetzten und nicht davor, und warum die Beteiligung der Muslime am Handel an Wichtigkeit verlor.

Es ist eindeutig, dass die Minderheiten einen enormen Nutzen aus Handelsnetzwerken mit Europäern zogen und damit ihre Wettbewerbsfähigkeit erhöhten. Hierbei muss aufgezeigt werden, warum die Muslime aus diesen Netzwerken keinen Vorteil zogen konnten und warum anschließend im neuen Zeitalter die Vernetzung mit den Westen für die Minderheiten so vorteilhaft war. Eine Antwort liegt nach Kuran (2011) in der ausgeprägten Form des islamischen Rechtspluralismus.

---

[10] Leicht modifizierte Abbildung in Anlehnung an Kuran (2001, S.192).

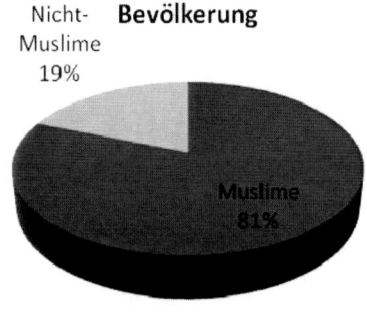

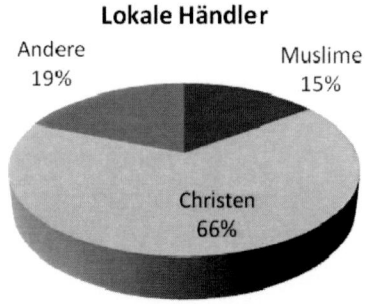

Abb. 6: Hauptanteile der Muslime und Minderheiten an osmanischen Händlern (1912) [11]

4.1 DER ISLAMISCHE RECHTSPLURALISMUS

Wie im zweiten Kapitel beschrieben, waren die Minderheiten als Millets mit eigenständigen Gerichten organisiert. Obwohl einigen Restriktionen unterworfen, hatten die Dhimmis ein entscheidendes Recht, welches den Muslimen verwehrt blieb. Sie waren dazu berechtigt, zwischen ihren eigenen und den islamischen Gerichten frei zu wählen. Ausgenommen hiervon waren einzig strafrechtliche Angelegenheiten, welche ausschließlich in die Zuständigkeit der islamischen Gerichte fielen.

Die Wahl zwischen den Gerichten bedeutete hier auch die Wahl zwischen Rechtsordnungen. Die Religionen bzw. konfessionellen Gerichte der Minderheiten übten ihr spezifisches eigenes Gesetz aus. Diese konfessionellen Gerichte trugen auch dazu bei, die individuellen kommunalen Identitäten der osmanischen Christen und Juden zu bewahren (vgl. Kuran 2004, S.484).

---

[11] Leicht modifizierte Abbildung in Anlehnung an Kuran (2011, S.193).
Die Sparte „andere" beinhaltet jüdische Händler, andere Christen und Händler deren Religion bzw. Ethnie nicht identisierbar sind.

Diese Rechtswahl hat ihren Ursprung in dem „Pakt von Umar"[12] und entstand in der Frühphase des Islams. Nach der islamischen Expansion im Nahen Osten wurde den Dhimmis u.a. folgende Anweisung erteilt:

We shall supervise all your dealings with Muslims. . . . We shall not supervise transactions between you and your coreligionists or other unbelievers nor inquire into them as long as you are content. If the buyer or the seller among you desires the annulment of a sale and comes to us to ask for this, we shall annul it or uphold it in accordance with the provisions of our law. But if payment has been made and the purchase consumed, we shall not order restitution. . . . If one of you or any other unbeliever applies to us for judgment, we shall adjudicate according to the law of Islam. But if he does not come to us, we shall not intervene among you.[13]

Nach diesen Bestimmungen waren Christen und Juden in allen wirtschaftlichen und finanziellen Beziehungen mit Muslimen an die islamischen Gerichte gebunden. Lediglich in ihren wirtschaftlichen Beziehungen zu anderen Nicht-Muslimen waren sie frei zwischen den Rechtssystemen zu wählen.

Die Rechtswahl konnte entweder ex ante, d.h. während den Vertragsverhandlungen oder ex post, also nach den Vertragsverhandlungen durchgeführt werden. Die ex ante Rechtswahl erhöhte für beide Parteien die Effizienz, da keiner der Streitparteien dem Gesetz A gegenüber dem Gesetz B bevorzugen würde, es sein denn, das Gesetz A ist mindestens genau so gut oder besser. Die Entscheidung über eine ex post Wahl wäre im Gegensatz für eine der Parteien vorteilhafter und würde dabei den anderen schlechter stellen.

Es sei angenommen, dass zwei Händler eine Partnerschaft nach jüdischem Recht schließen. Am Ende der Laufzeit streiten sie über die Verteilung des Gewinns und der eine Händler bringt den Fall vor das islamische Gericht. So handelte er opportunistisch und erwartete einen Vorteil für sich, da Verträge die außerhalb des islamischen Rechts abgeschlossen, vor einem islamischen Gericht als nichtig erklärt werden. Dafür reichte es aus, einfach vor einem islamischen Richter (kadi) Anklage zu erheben. Sobald jedoch ein Vertrag unter islamischem Recht geschlossen wurde, konnte es später nicht mehr an

---

[12] Dieser Pakt wird den Kalifen Umar I (*644) oder auch Umar II (*720) zugeschrieben. Siehe hierzu Kuran (2011, S.172 und S.327)
[13] Siehe Kuran (2011, S.173) zitiert nach Lewis (1974, S. 220-21)

ein konfessionelles Gericht abgegeben werden. Das Wechseln von einem islamischen Gericht war den Dhimmis nur möglich, wenn beide Parteien diesem ausdrücklich zustimmten. Den Muslimen blieb eine Rechtswahl ausgeschlossen (vgl. Kuran 2004, S.486).

Somit konnten die Minderheiten, wenn sie es vorteilhafter fanden, den Regeln ihrer eigenen Gemeinde folgen. Daneben waren sie frei in der Anwendung von islamischen Handelsmethoden oder den islamischen Nachlassregelungen und konnten alle Streitfragen vor einem Kadi bringen. Anders gesehen, hatten die Muslime kurioserweise durch den islamischen Rechtspluralismus weniger rechtliche Möglichkeiten als die Gemeinden die ihnen „Untertan" waren.

Der natürliche Bereich der konfessionellen Gerichte bestand hauptsächlich aus religiösen Angelegenheiten wie z.B. Heirat, Scheidung, Erbschaft oder auch Sklaverei. Trotzdem waren sie auch berechtigt kommerzielle und finanzielle Streitfälle zu behandeln. Dabei hatten die konfessionellen Gerichte durch ihre gegenseitige Unabhängigkeit unterschiedliche Funktionen. So gründete jede jüdische Gemeinde ihren eigenen Gerichtshof, aufbauend auf dem jüdischen Recht halakhah, die Gesetze auch in wirtschaftlichen Angelegenheiten erließen (vgl. Shmuelevitz 1984, S.41). Die Richter halfen den Investoren, Kreditgebern und Händlern ihre Verträge zu erstellen und waren zwischenzeitlich auch in Messen anwesend, um die Händler bei Handelsabkommen und Partnerschaften zu unterstützen. Die orthodoxen Christen begründeten dagegen Kirchengerichte, die ihren Glaubensgenossen bei der Erstellung von Urkunden, Testamenten und Handelsabkommen halfen (vgl. ebd.).

Trotz der freien Rechtswahl, tendierten die jüdischen und christlichen Bürger dennoch zu der islamischen Rechtsordnung. Außer in den Fällen, wo mindestens ein Muslim beteiligt ist, klagten die Nicht-Muslime auch gegen ihre Glaubensgenossen vor einem Kadi. In einigen Regionen gibt es zudem keinen Beweis, dass es überhaupt konfessionelle Gerichtshöfe gab. So konnte in den islamischen Gerichtsregistern (sijills) von Damaskus zwischen 1775-1860 kein einziger Hinweis für konfessionelle Gerichte gefunden werden. Dagegen brachten im 17. Jh. Griechen und Armenier aus Kayseri ihre finanziellen und Handelsunstimmigkeiten im gleichen Verhältnis wie die türkischen Bewohner vor einem islamischen Gericht. Zur gleichen Zeit in Nikosia, Zypern war in eindrittel der Fälle, die in islamischen Gerichten behandelt wurden, mindestens ein Nicht-Muslim beteiligt. In dieser Zeit war weniger als die Hälfte der Bevölkerung Nicht-Muslime (vor allem Christen). Somit muss ein beträchtlicher Anteil der Minderheiten die islamischen Gerichte für vorteilhafter als ihre eigenen Gerichte gehalten haben. Daneben gibt es verschiedene Studien die belegen, dass viele jüdische Kaufleute im 15. und 16. Jh. regen Gebrauch von islamischen Gerichtshöfen machten (vgl. Kuran 2011, S.178 f.).

Die Dhimmis nutzten die islamischen Gerichte vor allem für die Registrierung von Finanztransaktionen und der Eintragung von Besitzansprüchen. Bei Streitfragen war für die Minderheiten das am meisten verbindlichste Gericht im Reich am sichersten. Außerdem erhofften sie sich mit der Registrierung, dass ihre Interessen gegenüber dem Staat oder anderen muslimischen Händlern besser geschützt waren. Daneben spielten auch die Gerichtskosten eine Rolle. In den Fällen, wo die konfessionellen Gerichte mehr Gebühren verlangten, wurden die islamischen Gerichte zur Kostenminimierung bevorzugt. Ebenfalls entscheidend war das höhere Durchsetzungsvermögen des islamischen Rechts. So fehlte den meisten konfessionellen Gerichten die Berechtigung um staatliche Strafen zu verhängen. In Fällen wo die Parteien verschiedenen Glauben anhingen, waren die Gerichte sogar machtlos (vgl. Kuran 2011, S.180 f.). Andere Gründe für die Bevorzugung der islamischen Gerichte lagen in der Substanz des islamischen Rechts. Bis in moderne Zeiten boten die Bestimmungen der islamischen Partnerschaften mindestens ebenso sehr Flexibilität wie die der christlichen Gemeinden im Nahen Osten. In Bezug zur jüdischen Vertragsform, der Isqa, bot es sogar klare Vorteile. So benötigte die Isqa Gleichheit zwischen den Partnern entweder hinsichtlich der Gewinnverteilung oder der Haftungsverteilung. Die Mudarba dagegen erlaubte es den Partnern, die Verteilung des Risiko/Rendite Verhältnisse nach ihren eigenen Erfordernissen zu wählen (vgl. Udovitch 1970, S.170 f.). Daher wählten jüdische Händler bis ins 18. Jh. laufend islamische Partnerschaften, selbst wenn ihre Geschäftspartner ebenfalls jüdisch waren. Sogar in Fällen wo das islamische Recht eher nachteilig war, wurde es dennoch zur Vorbeugung von opportunistischem Gerichtswechsel bevorzugt.

Diese Tatsachen hatten weitreichende Auswirkungen auf die rechtliche Infrastruktur im Osmanischen Reich. Eine Folge war die Annährung der konfessionellen Gerichte an das islamische Recht.

Die Tendenz in Richtung zu gerichtlicher Homogenisierung ist besonders im Bereich des Erbschaftssystems sichtbar, welches wie in Kapitel 3 erörtert, zu den Hauptursachen des sich Abzeichnenden wirtschaftlichen Rückgangs in der Region gehörte.

Wie das islamische Erbschaftssystem knüpfte die Erbschaftsregel der orthodoxen Griechen auch an eine Kombination der Erben. Jedoch beschränkte sich das Erbe nur an die Kernfamilie und die Töchter waren sogar ganz ausgeschlossen. In dem traditionellen jüdischen System hatte der Erblasser das Recht seinen Nachlass durch ein Testament bestimmen zu lassen. Somit konnte er ein oder mehrere Erben ausschließen. Wenn z.B. ein Vater ohne eine testamentarische Regelung verstarb, konnte seine Tochter nicht Erben, wenn er noch einen Sohn hatte. Wenn es mehrer Söhne gab, erbte der Erstgeborene das doppelte als die Anderen. Es gab somit deutliche Unterschiede zwischen den einzelnen Erbschaftsregeln der Glaubensrichtungen. Betrachtet man den Fall, dass z.B. der Vater einer jüdischen Frau verstirbt und sie nach dem jüdischen Recht nicht als Erbe gilt, so könnte sie ein Anteil des Nachlasses unter der islamischen Regelung sichern (vgl. Kuran 2004, S.493 f.). Es verwundert nicht, dass viele jüdische und christliche Bürger ihre Erbschaftsstreitigkeiten öfters vor einen Kadi brachten, in der Erwartung einen personellen Vorteil zu erlangen. Manchmal nutzten die Angehörigen des Verstorbenen auch die islamischen Gerichte, nachdem sie in ihren eigenen Gerichten verloren hatten (vgl. Shmuelevitz 1984, S.66). Um in diesen Fällen den Gang zu den Kadis zu verhindern, vermachten viele Familien ein Teil ihres Nachlasses direkt ihren Töchtern und schränkten ihr Vermächtnis an Nichtverwandte ein. Die konfessionellen Gerichte duldeten zum Teil diese Zugeständnisse, auch wenn viele Rabbis und Priester bedenken gegenüber der Legitimierung von islamischen Praktiken hegten (vgl. ebd., S.181).

Im Ganzen übte somit die islamische Rechtspraxis einen enormen Einfluss aus, sowohl auf die Praktiken der konfessionellen Gerichte als auch über die Evolution der gesetzlichen Glaubenslehre von den Dhimmis.

Die Rechtspraxis der Minderheiten erfuhr somit eine Islamisierung. Dadurch wurden auch die Motive für eine ex-ante Bevorzugung einer Rechtsordnung geschwächt.

Die Rechtswahl erlaubte den Dhimmis ihren Nachlass nach den eigenen Erbschaftsregelungen zu regeln und neue Formen von kommerziellen Organisationen zu entwickeln, dazu gehörten auch komplexe Partnerschaften. Somit hätten die Nicht-Muslime im Prinzip die organisatorische Stagnation überwinden können. Jedoch hinderte die rechtliche Homogenisierung die gesamte Bevölkerung mit den gleichen Entwicklungshindernissen. Dadurch lässt sich erklären, wieso bis ins 18. Jh. keine großen Unterschiede zwischen dem ökonomischen Erfolg der Minderheiten und den Muslimen bestand. Sofern das islamische Recht die Entwicklung behinderte, wurden alle Glaubensgemeinschaften zurückgehalten. Insbesondere die nicht-muslimischen Finanzierungsregeln und Organisationsformen würden - wie die von den Muslimen - stagnieren. Tatsächlich machte keine Gruppe in den Nachlassregelungen das Erstgeborenenrecht zur Norm und keine entwickelte fortgeschrittene organisatorische Strukturen, so dass sie schließlich aus Westeuropa übernommen wurden. Bis ins 18. Jh. gründeten alle konfessionellen Gruppen Partnerschaften nach islamischem Recht (vgl. Kuran 2004, S.496). Aus einer institutionellen Betrachtung heraus, leiten die Dhimmis ihre Geschäfte genauso wie die Muslime. Dieser institutionellen Standardisierung trugen die konfessionellen Gerichte durch ihre Tolerierung bei, so dass schließlich alle Gruppen unter den gleichen Regeln handelten.

Eine Veränderung bezüglich der Rechtswahl unter den Dhimmis entstand als die organisatorische Revolution im Westen zu einem explosionsartigen Wachstum der globalen Wirtschaft und damit zum intensiven Handel mit dem Nahen Osten geführt hat. Die Folgen dieser Entwicklung hatten für die Minderheiten enorme Potentiale eröffnet. Sie überwanden die Einschränkungen der lokalen Rechtssysteme, indem sie ihre Rechtswahl zugunsten der Rechtssysteme des Westens benutzten.

Genauso wie die Angleichung zu den Muslimen vor dem 18. Jh. aus der Islamisierung der Minderheiten und dessen Wirtschaftsleben resultiert, ist die anschließende Abspaltung verbunden mit ihrer Deislamisierung.

4.2 DIE VERWESTLICHUNG DER MINDERHEITEN

Die Vorteile der westlichen Rechtssysteme lagen teilweise an der Überlegenheit der neuen und immer komplexeren Handelsmethoden. Sie verliehen, gemessen an der Leistungsfähigkeit, enorme Wettbewerbsvorteile auf den internationalen Märkten. Die Märkte im Osmanischen Reich waren ebenfalls der sich weiterentwickelten kommerziellen Kultur des Westens ausgesetzt, welche die rechtlichen Wahlmöglichkeiten der Minderheiten erweiterte. Um eine gesetzmäßige Partnerschaften vor einem Kadi oder einem eigenen Richter zu schließen, waren die Möglichkeiten der Minderheiten nicht mehr beschränkt. So konnte eine Gruppe von nicht-muslimischen Händlern einen Vertrag basierend auf modernen Konzepten schließen, vorausgesetzt dass mindestens einer westliche Rechtsprivilegien genoss. Im Laufe des 18. Jh.s nutzten tatsächlich viele Christen und Juden die Vorteile der neuen Möglichkeiten, um den Beschränkungen des islamischen Rechts und der eigenen Rechtspraktiken zu entgehen (vgl. Kuran 2011, S.198).

Um unter den Gesetzen der westlichen Staaten Geschäfte zu führen, mussten osmanische Christen und Juden erstmal den Schutz der Staaten erwerben und zum Protegé werden. Für das Erreichen dieses Status, war es erforderlich einen Freibrief (berat) zu erhalten, welches wiederum westliche Botschafter oder Konsuln von den osmanischen Sultanen erhielten. Die „Beraten" erhielten somit alle steuerlichen-, juristischen-, finanziellen-, handelsrechtlichen- und persönlichen Privilegien, die den westlichen Staaten unter den Kapitulationen eingeräumt wurden. Dazu gehörte auch das Privileg für einen freien Handel und eine geringere Steuer von 3% für Importe, anstatt der üblichen 10%. Sie erhielten auch das Recht vor einem Konsulargericht der Schutzmacht zu ziehen, sofern kein Muslim beteiligt war. Folglich konnten sie Handelsmethoden anwenden, die von den europäischen Gerichten unterstützt wurden. Im gesamten Osmanischen Reich wurden nicht-muslimische Händler von den Botschaftern der Staaten mit Kapitulationsverträgen zu Protegés ernannt, die wie europäische Staatsbürger behandelt wurden (vgl. Kuran 2011, S.199).

Dabei hatten die Minderheiten schon vor dem 18. Jh. Schutz unter den westlichen Staaten erhalten. So heuerten die Konsuln vor allem Griechen und Armenier als Dragomane[14] an, die als Übersetzer, Berater und Unterhändler agierten. Die Einstellung von Muslimen wurde dagegen eher vermieden. Der Grund war u.a. das in einem Streitfall das islamische Gericht eingeschaltet werden musste, wo ausländische Aussagen unter Umständen unberücksichtigt bleiben konnten. Die Dragomane genossen die Privilegien, die den ansässigen ausländischen Händlern gewährt wurden. Bis zum 18. Jh. hatte ein Konsul durchschnittlich zwei bis drei Dragomane unter seinem Schutz. Die Anzahl stieg mit der Nachfrage für die Protektion stark an. Ein Anreiz für die Gewährung der Protektion war, dass die Protegés sich den Schutz erkauften. Diese Schutzgebühren wurden auch mit den Gedanken erhoben, sich einen Anteil der Renteneinkünfte anzueignen, die durch die erhöhte Effizienz von westlichen Rechtsystemen entstanden. Dies wird dadurch sichtbar, dass die Gebühren nach dem Nutzen der Protektionen variierten. So stieg im Jahre 1795, als der Schwarzmeerhandel für den fremden Schiffsverkehr eröffnet wurde, der Preis der englischen Protektion von ungefähr 2.500-6.000 kurus[15] auf 10.000 kurus. Später wurden sogar die Privilegien an Personen verkauft, die nicht an die Konsuln gebunden waren und nur dem Namen nach als „Ehrendragomane" bezeichnet wurden (vgl. Kuran 2004, S.500). Die Minderheiten begannen sich in Sektoren, wie das Bankwesen und Versicherungen, zu betätigen, die sie unter islamischem

---

[14] Latinisierte Form des arabischen Wortes *targuman*, das soviel wie Übersetzer bedeutet.
[15] Der kurus, eine große Silbermünze, war die Währungseinheit im Osmanischen Reich von 1688 bis 1844.

Recht nicht betreiben konnten. Daher waren auch zu Anfang alle nahöstlichen Bank- und Versicherungsunternehmen in westlicher Hand, mit Hauptsitz in einem der Metropolen Europas. Diese Unternehmen rekrutierten ihre Agenten und Manager aus den lokalen Minderheiten im Reich, die den Status von Ehrendragomanen genossen. Diese Praxis nutzten die Unternehmen, um ihre Beziehungen zu den islamischen Gerichten zu minimieren. Für die Minderheiten eröffneten sich dadurch Möglichkeiten, um dauerhafte Geschäftsbeziehungen zu Ausländern zu bilden und mit ihnen auch mehr oder weniger dauerhafte Partnerschaften einzugehen. Dabei unterlagen diese Beziehungen größtenteils dem westlichen Rechtssystem. Der Nutzen dieser Vernetzung lag in den Möglichkeiten, die die westlichen Institutionen boten. Ohne den privilegierten Zugang zu neuen ökonomischen Sektoren, die von fortschrittlichen Rechtsordnungen getragen wurden, wären diese Vernetzungen nicht lukrativ genug, um die sichtbaren wirtschaftlichen Vorteile zu ermöglichen. Die Minderheiten erkauften sich die Protektion nicht nur, um ihre Netzwerke zu erweitern, sondern auch um in Netzwerke einzutreten die modernere Organisationsformen, Finanztechniken und Gerichtspraktiken nutzten (vgl. Kuran 2011, S.200).

Im Ganzen bildeten die Ehrendragomane eine Klasse von einheimischen Ausländern. Sie waren im Reich geboren und beherrschten die lokalen Sprachen, hatten aber den gleichen rechtlichen Status wie ausländische Nicht-Muslime. Dabei waren die Minderheiten für die europäischen Mächte auch ein Instrument des politischen Einflusses im Osmanischen Reich. So trat Frankreich als Schutzmacht der Katholiken und Juden auf, die Engländer nahmen die Protestanten unter ihren Schutz und Russland hatte ein Interesse an den orthodoxen Christen. Um letztendlich ihre Besteuerungsgrundlage zu erhalten, begrenzten die Sultane die Vergabe von Dragoman Freibriefen, woraufhin die Konsuln einen Weg fanden, um eine legale Protektion ohne eine lokale Genehmigung zu erteilen. Sie verliehen gegen eine Gebühr die Staatsbürgerschaft ihre Landes, welche den Dhimmis ausländische Privilegien garantierte. Die Evidenz zeigt, dass vom Anfang des 18. Jh.s an die Zahl der Protegés somit enorm anstieg. Gegen Ende des 18. Jh.s schützte allein Österreich 200.000 osmanische Individuen. Russlands Protektion erreichte rund 120.000 Menschen. Allein in Aleppo gab es im 19. Jh. mehr als 1.500 nicht-muslimische Osmanen, welche unter der Protektion der westlichen Staaten standen und im internationalen Handel tätig waren.

Mit der steigenden Anzahl der unter Protektion stehenden Minderheiten wurde deutlich, dass die Protegés nicht nur mit den Muslimen, sondern auch mit den westlichen Händlern konkurrieren konnten. So wurden im 18. Jh. in den wichtigsten Handelszentren die europäischen Händler, -Bankiers und –Versicherungsmakler langsam von osmanischen Christen und Juden abgelöst (vgl. ebd.).

Die Bedingungen für eine erfolgreiche Konkurrenz gegenüber den westlichen Händlern, bestanden weiterhin in dem Erlernen der europäischen Sprachen und Handelsbräuchen. Dadurch begann zwischen den Minderheiten ein Prozess der Verwestlichung. Diese Entwicklung erleichterte das Nutzen der neuen ökonomischen Möglichkeiten, die das westliche Rechtssystem ermöglichte. Dennoch bewahrten die Minderheiten ihre Kenntnisse über das osmanische Umfeld, wie z.B. die lokalen Bräuche und Sprachen.[16] Diese Kenntnisse machten die westlichen Händler von den Dragomanen abhängig. Darüber hinaus erlangten die geschützten Dhimmis einen Einfluss innerhalb der kommerziellen Netzwerke mit den Muslimen. Es war vor allem die Kombination der Kenntnisse des Ostens und des Westens, die den Minderheiten eine zentrale Stellung in dem Handel mit den Westen verlieh (vgl. Kuran 2004, S.503).

Dass der Anstieg der Wettbewerbsfähigkeit auf westlichen Institutionen beruhte, wird durch die Wahl der Unternehmensformen deutlich. So bildeten die Minderheiten eine neue Unternehmensform, die im 18. Jh. in zunehmenden Maße verbreitet wurde. Das „Merchant House" bestand aus einen oder mehreren Partnerschaften, die für eine unbestimmte Zeit eingerichtet wurden. Die meisten hatten parallel laufende Zweigstellen, die von Familienmitgliedern betrieben wurden und wovon einige sogar in der Produktion tätig waren. Wie eine Aktiengesellschaft konnte das Merchant House ihre Mitgliedschaft verändern ohne ihren Fortbestand zu gefährden. Tatsächlich hatte es mit dieser so viel Ähnlichkeit, dass es lediglich durch die Vergabe von handelbaren Aktien zu einer Akteingesellschaft werden könnte. Diese organisatorische Form entsprach offensichtlich nicht der islamischen Praktik. Daher hatten die Kadis Schwierigkeiten bei der Erfassung von Bilanzierungsproblemen oder Gewinnverteilungsstreitigkeiten. Dies war ein Grund, wieso das Merchant House mehrheitlich von Europäern und Dhimmis benutzt wurde (vgl. ebd.). So waren in Alexandria des Jahres 1837 von 72 kommerziellen Gruppierungen nur 2 Muslime beteiligt. Den restlichen gehörten 43 Europäer und 27 Minderheiten an (vgl. Issawi 1982, S.270). Durch die Möglichkeiten der Anrufung von westlichen Gerichten erlangten die Dhimmis einen enormen Vorteil, die mit dem Umfang der kommerziellen Tätigkeiten anstieg.

---

[16] Für eine ähnliche Sichtweise, siehe Panzac (1992, S.203).

5. SCHLUSSBETRACHTUNG

Der Handel im Osmanischen Reich wurde seit ihrer Gründung nach den Prinzipien des islamischen Vertragsrechts organisiert. Die islamischen Partnerschaften erleichterten die Bündelung von Ressourcen durch familiäre Beziehungen und stimulierten dadurch den Handel. Das islamische Vertragsrecht erlaubte es passiven Kreditgebern, ihr persönliches Vermögen gegen Schulden der Partnerschaft abzuschirmen. Die aktiven Partner dagegen hafteten uneingeschränkt. Außerdem konnte jeder Partner die Auflösung der Partnerschaft erzwingen, so dass die Kapitalanteile offen für die Forderungen von Dritten wurden. Das Versterben eines Partners löste die Partnerschaft indes sofort auf und die Hinterbliebenen erhielten einen Anspruch auf ein Teil des Kapitals. Dies führte zu Kosten für die übriggebliebenen Partner. Das islamische Erbrecht sah dabei die Verteilung des Vermögens an einen Großteil der Familie vor. Diese Umstände behinderten die Entstehung von großen und langlebigen Partnerschaften. Die Händler und Kreditgeber gründeten daher kleine und kurzlebige Partnerschaften, um das Risiko der frühzeitigen Auflösung zu vermindern.

Die Stagnation der Partnerschaften in der Größe und Dauerhaftigkeit hatte weitreichende Konsequenzen. So entstand z.B. keine Nachfrage für eine einheitliche Buchführung. Des Weiteren gab es keine Anreize für einen Handel mit Unternehmensanteilen. Als Folge trugen diese Faktoren zur der gesamten Stagnation der Wirtschaftsinfrastruktur bei. Bis zur industriellen Zeit konnten die Handelsunternehmen keine Komplexität erlangen wie ihre Pendants in Westeuropa.

Im 19. Jh. waren die europäischen Unternehmen mehrheitlich in Kapitalgesellschaften organisiert als in Partnerschaften. Dies beinhaltet auch, dass die Gesellschaften eine juristische Persönlichkeit bildeten. Die Stagnation der Wirtschaftsstrukturen im Osmanischen Reich hätte durch die Bildung von Kapitalgesellschaften überwunden werden können. Jedoch verhinderten dies zwei Faktoren: Zunächst waren die Vorbedingungen für die Umsetzung der Kapitalgesellschaften nicht gegeben. In Abwesenheit von Aktienmärkten, von einheitlichen Buchführungspraktiken und von Gerichten, die keine Erfahrung mit größeren Unternehmen hatten, würde Niemand in solche Gesellschaften investieren. Des Weiteren war das Konzept der Kapitalgesellschaft fremd für das islamische Recht.

Durch den Mangel an Erfahrung diesbezüglich konnte auch in Zeiten, wo z.B. durch die Massenproduktion eine Nachfrage für großangelegte Finanzierung entstand, keine Banksektoren unter islamischen Rechtsbedingungen entstehen.

Dienstleistungen mit hohen Einrichtungskosten und einer langen Lebensdauer wurden nur durch den Waqf bereitgestellt. Sogar große Kaufmänner investierten ihr Kapital eher in diese Stiftungen, um von ihren Vorteilen zu profitieren. Somit absorbierte der Waqf Ressourcen, die für die Entstehung von modernen Unternehmensgesellschaften nötig gewesen wären. Teilweise hatte der Waqf eine so große Anhängerschaft, dass Händler und Kaufmänner bis in die Neuzeit keine kollektiven Maßnahmen aufbringen konnten, um das Rechtsystem zu reformieren. Auch die Sultane sahen zunächst keinen Anreiz, die Organisation einer Unternehmensform zu begünstigen, da keine kommerzielle Organisation im Interesse der Steigerung von Steuereinheiten stand. Die Steuereinnahmen waren die wichtigste Einnahmequelle für die Regierung und daher von entscheidender Bedeutung.

Auf der anderen Seite erreichte der Westen gerade durch ihre ökonomische Modernisierung eine Dominanz in der globalen Wirtschaft. Ihre Vormachtstellung über den globalen Handel und die Entstehung von Kolonialreichen basierten auf neuen organisatorischen Innovationen. Daher gestalteten sich die Handelsbeziehungen zwischen dem Westen und dem Osmanischen Reich eher auf Bestreben von westlichen Händlern, die ihrerseits Handelskolonien im östlichen Mittelmeerraum gründeten. Diese Kaufleute übten ihre Tätigkeiten unter den Abkommen der Kapitulationen aus. Diese Privilegien gestatteten ihnen u.a. eigene Gerichte zu betreiben, neue Finanzierungsmethoden bzw. organisatorische Formen zu nutzen und ihren Nachlass nach europäischem Recht zu regeln. So wurden auch moderne Banken im Reich gegründet, die ihren Hauptsitz in europäischen Städten hatten.

Der ökonomische Aufstieg der Minderheiten des Osmanischen Reiches fiel zusammen mit dem unter westlichen Institutionen entstanden Handelsvorteilen. Die Nicht-Muslime übertrumpften die Muslime besonders in Bereichen, die einen großen Kapitalaufwand benötigten, wie z.B. im Bankwesen oder in der Massenfertigung. Dabei standen sie meist unter westlicher Protektion. Die Möglichkeit unter einem westlichen Rechtssystem Handel zu treiben, ermöglichte ihnen die Rechtswahl, die der islamische Rechtspluralismus gewährte. Die Beschränkung der Rechtswahl für Muslime dagegen führte zur der ökonomischen Spaltung zwischen den Nicht-Muslimen und Muslimen.

Dabei trieben die Minderheiten bis ins 18. Jh. ihren Handel unter islamischem Recht. Diese Tatsache ergab sich aus den Vorteilen, die das islamische Rechtsystem den Minderheiten gegenüber ihren eignen Rechtssystemen bot. Jedoch erlitten sie dabei genau die gleichen Nachteile wie ihre muslimischen Nachbarn. Darin lag der Hauptgrund für den Mangel an ökonomischen Errungenschaften vor dem 18. Jh. zwischen den religiösen Gemeinden. Bis der ökonomische Aufstieg des Westens im Nahen Osten den Minderheiten neue Möglichkeiten bot, war es für sie genauso schwierig wie für die Muslime, großes Vermögen anzuhäufen und ihre Unternehmen über Generationen zu sichern. Darüber hinaus blieben sie auch in der Entwicklung von komplexeren Handelsorganisationen zurück.

Genauso wie der islamische Rechtspluralismus die Entwicklung von fortgeschrittenen ökonomischen Institutionen verhinderte, war es dieser der letztendlich den Minderheiten die Modernisierung brachte. Der Grund dafür lag an der Evolution von ausländischen Institutionen und der Wahlfreiheit der Minderheiten. Durch die Protektion der westlichen Staaten, konnten sie ihre Banken nutzen, Versicherungen abschließen und sich an neuen organisatorischen Formen, wie die Aktiengesellschaft beteiligen. Mit der Zeit nahmen sie eine Mittlerrolle zwischen den ausländischen und den einheimischen Händlern ein. Im 19. Jh. schließlich waren sie Eigentümer und Betreiber der größten Geschäftsbetriebe in den Handelzentren des Osmanischen Reiches.

Auch der Versuch der Regierung durch neue Gesetze und Verordnungen die Muslime an den neuen Möglichkeiten zu beteiligen, konnte die Kluft zwischen den ökonomischen Vermögen der Muslime und den Minderheiten nicht schließen.

Die hier vorgestellten Thesen für den endgültigen ökonomischen Aufstieg der Minderheiten im Osmanischen Reich fokussieren eher auf die islamisch-rechtlichen Institutionen und Bedingungen die bis ins 20. Jh. bestanden.

Jedoch ist die alleinige Betrachtung der rechtlich-ökonomischen Hindernisse für die Divergenz zwischen der Dominanz des Westens und damit der Minderheiten sowie dem Rückstand der Muslime nicht ausreichend. Es gibt andere soziale Mechanismen, die diese Divergenz aufgreifen. So erklärt Greif (1994) die Abspaltung mit den unterschiedlichen kulturellen Überzeugungen (cultural beliefs), die in Europa und dem Nahen Osten vorherrschten. Interessant wäre hierbei die Untersuchung der Beziehungen von kulturellen Faktoren und institutionellen Strukturen in Bezug auf die Rolle der christlichen und jüdischen Minderheiten in islamischen Regionen.

LITERATURVERZEICHNIS

Braude, Benjamin (1982): Foundation Myths of the Millet System, in: B. Braude und B. Lewis (ed.), *Christians and Jews in the Ottoman Empire. The Functioning of a Plural Society*, Holmes & Meier Publishers, Inc.: New York, London, S. 69-89.

Faroqhi, Suraiya (2003): *Kultur und Alltag im Osmanischen Reich. Vom Mittelalter bis zum Anfang des 20. Jahrhunderts*, Verlag C. H. Beck: München.

Fleet, Kate (1999): *European and Islamic Trade in the Ottoman State. The Merchants of Genoa and Turkey*, Cambridge University Press: Cambridge, New York, Melbourne.

Gerber, Haim (2008): *Crossing Borders. Jews and Muslims in Ottoman Law, Economy and Society*, The Isis Press: Istanbul.

Gibb, H. A. R. und Harold Bowen (1950): *Islamic Society and the West. A Study of the Impact of Western Civilization on Moslem Culture in the Near East*, Oxford University Press: London, New York, Toronto.

Greif, Avner (1994): "Cultural Beliefs and the Organization of Society: A Historical and Theoretical Reflection on Collectivist and Individualist Societies", *The Journal of Political Economy*, 102 (5), S. 912-950.

Inalcik, Halil (1994): *An Economic and Social History of the Ottoman Empire, 1300-1914*, Cambridge University Press: Cambridge, New York, Melbourne.

Issawi, Charles (1982): The Transformation of the Economic Position of the Millets in the Nineteenth Century, in: B. Braude und B. Lewis (ed.), *Christians and Jews in the Ottoman Empire. The Functioning of a Plural Society*, Holmes & Meier Publishers, Inc.: New York, London, S. 261-285.

Kuran, Timur (2004): "The Economic Ascent of the Middle East's Religious Minorities: The Role of Islamic Legal Pluralism", *The Journal of Legal Studies*, 33 (2), S. 475-515.

Kuran, Timur (2005): "The Absence of the Corporation in Islamic Law: Origins and Persistence", *The American Journal of Comparative Law*, 53 (4), S. 785-834.

Kuran, Timur (2010): The Scale of Entrepreneurship in Middle Eastern History: Inhibitive Roles of Islamic Institutions, in: D.S. Landes, J. Mokyr und W.J. Baumol (ed.), *The invention of enterprise: entrepreneurship from ancient Mesopotamia to modern times*, Princeton University Press, Princeton, New Jersey, S. 62-87.

Kuran, Timur (2011): *The Long Divergence. How Islamic Law held back the Middle East*, Princeton University Press: Princeton, Oxford.

Menzel, Ulrich (2008): "Imperium oder Hegemonie?: Folge 7: Das Osmanische Reich (1453-1571): Weltreich zwischen Europa und Asien oder Hegemonialmacht im Orient?", Forschungsberichte aus dem Institut für Sozialwissenschaften: Technische Universität Braunschweig.

Panova, Sneschka (1997): *Die Juden zwischen Toleranz und Völkerrecht im Osmanischen Reich. Die Wirtschaftstätigkeit der Juden im Osmanischen Reich (die Südosteuropaländer) vom 15. bis zum 18. Jahrhundert*, Europäischer Verlag der Wissenschaften: Frankfurt/Main.

Panzac, Daniel (1992): "International and Domestic Maritime Trade in the Ottoman Empire during the 18th Century", *International Journal of Middle East Studies*, 24 (2), S. 189-206.

Schuß, Heiko (2008): *Wirtschaftskultur und Institutionen im Osmanischen Reich und der Türkei. Ein Vergleich institutionenökonomischer und kulturwissenschaftlicher Ansätze zur Erklärung der wirtschaftlichen Entwicklung*, Verlag Hans Schiler: Berlin, 1.Auflage

Shaw, Stanford J. (1991): *The Jews of the Ottoman Empire and the Turkish Republic*, Macmillan Academic and Professional Ltd: Hampshire, London.

Shmuelevitz, Aryeh (1984): The Jews of the Ottoman Empire in the late Fifteenth and the Sixteenth Centuries. Administrative, Economic, Legal and Social Relations as Reflected in the Responsa, E. J. Brill: Leiden.

Siddiqi, Muhammad Nejatullah (1985): *Partnership and Profit-Sharing in Islamic Law*, The Islamic Foundation: Leicester.

Udovitch, Abraham L. (1970): *Partnership and Profit in Medieval Islam*, Princeton University Press: Princeton, New Jersey.

Werner, Ernst (1985): *Die Geburt einer Grossmacht – Die Osmanen (1300-1481). Ein Beitrag zur Genesis des türkischen Feudalismus*, Hermann Böhlaus Nachfolger: Weimar, 4. Auflage.